JN439629

2003년 시낭송

2003년 홍금자 특별시낭송회에서

2004년 시창작 가곡회를 마치고

여성문학인회 총회를 마치고

2014년 시청 광장 시낭송

2016년 경주 선덕여왕 시극(2)

2018년 북콘서트에서

2019년 연간문집 출판기념회

세계한글작가대회 시낭송

2022년 여성문학인회 송년회 시낭송

지구도 기척을 한다

홍금자 시집

계간문예

지구도 기적을 한다

작가의 말

다시
영혼의 갈증
한 모금
거기 시가 있었네

2016년부터 2023년까지
출간한 시집에서 골랐습니다

2024.
홍금자

■ 차례

제2부 풍경이 지워지는 저녁이면

제3부 시간, 그 어릿광대

제4부 외줄 타는 어름사니

제1부

지상에는 시가 있었네

목숨의 층계

꽃이 지는 소리
밤새 떨어진
꽃잎 주워
베갯머리에 놓았다

새벽녘
꽃잎들은 또 다른
꽃의 바다가 된다

누군가에게 전화를 건다
지난밤 빠져나갔던
낙화의 존재는
결코 죽는 것이 아니라
다시 살아나기 위한
새로운 목숨의 층계라고

슬픔이 밟히는 저녁

붙박이 삶이 되어 버렸다
지나는 계절을 허공에 놓고 본다

이태 전 겨울을 시작으로
봄 여름 가을 겨울 그리고 다시 봄
어둠에 갇힌 날들은 열리지 않고
무심한 창밖 혼자서 가고 오는 사계를 본다
꼼짝없이 바깥세상을
만날 수 없는 풍경 앞에
검갈색 커피만 축내고 있다
언제쯤 침묵의 시간 고삐 풀릴까

계절과 계절의 간극
그 맥박을 재보기도 전
사라져 가는 허무의 시간들
하얗게 센 머리칼이
구역의 구분 없이 크로바 퍼지듯
단호히 점령을 했다

노을 앞에 선 짧은 삶의 깃발
꺾인 지 오랜 무릎 다시 세워
잠든 세포들의 문을 두드려 본다

마른 나무 등허리 감고 돌던
능소화 뼈마디만 남은 빈 가지 나풀댄다
날 것들의 유희, 소독제 냄새가 풍긴다
다시 눈뜨지 못한 틈새로 바라본 사람
마스크로 단단히 숨을 막고
가만히 창 너머
멀리 놓고 손사래 친다
울컥 슬픔이 밟히는 저녁

지구도 기척을 한다

바다가 드디어
태양을 순산한다
밤새 진통을 견뎌
금빛의 아들을
머리 위로 들어 올렸다

한 무리의 구름 떼가
저마다 은총을 입어
갖가지 빛깔로
출렁이고 있었다

비로소 거기 섬 하나
덩달아 아침 바다의
생살을 찢어내
일어서기 시작한다

지구도 기척을 한다

인생 성적표

오늘도
결핍의 일상을 눈 안에 넣고
새벽안개를 가슴으로 받으며
인기척 따뜻한 삶의
촉촉한 흙을 밟는다

여린 줄기에서부터
깊숙한 곳 뿌리내려
굳건한 터를 잡고
서로의 가슴을 내준
생의 주파수
내 생애도 낙원이듯
자랑처럼 허리를 편다

그렇지, 지나간 자리
때때로 풍성함의 무게
생의 단맛으로 남았던 여기
아픈 무릎 세우며
더듬더듬 인생의
긴 성적표를 펴 든다

한 번쯤 생각을 섞는다

아직 여름 되기엔 이른 시간
샛강 나무다리를 건너면
푸른 풀대들
곁으론 하루 종일 고막을
울려대는 올림픽대로의
차 소리도 아랑곳하지 않는다

세상 번잡한 일들도
잠시 나그네 길이라고
치부해 놓고
억새 강아지 망초 풀
목대 세워 커 가는 사이로
한 번쯤 생각을 섞는다

떫고 시린 시간의 중턱
흔들리는 새와 구름 그리고 물소리
어느 것 하나 묶어 두지 않았다

세상의 시계도
때로는 오늘 하루처럼
느슨히 가고 있다는 상념

지독한 어둠의 몸을 쓰다듬어 본다

그 언니의 밥

번호판 꾹꾹 눌러야
주인 없던 현관문이 기척을 한다

열여섯 되던 해
방직공장의 딸각대는
기계 소리에 접선을 했다
비로소 세상 밖으로 나온 시골 처녀의 서울 나들이
밤을 잊은 산업화시대의 딸들, 때로는 지치고 쓰러지고
다시 일어서 허리 세우던 크고 장한 목숨의 무늬들
역사 속 음각으로 깊게 새겨진 푸른 비목의 어린 이 땅의
딸들

부뚜막에 쪼그려 저녁 짓던 고향 집 부엌
두 살 차이 언니가 어느 햇볕 좋은 날 서울행 기차를 탔다
늘 그 밥 실컷 먹고 싶다던 언니

오늘 눈이 부시다
탁 튄 대로를 걷는다
밤새워 재봉틀 밟던 슬픔조차 노래가 되는 여기
내 서툰 한 줄의 빈곤한 문장 올린다

노을 지는 생 앞에서

삶의 끝자락쯤에서
돌이켜 스쳐 지나온 날들의
풍경이 펼쳐지는
환한 그 자리들
마지막 편지처럼
슬픔이 묻어난다

이제 꽃잎들
끓어 넘치듯 흩날리고
목숨의 가치에
매달리지 않아도 될
나이가 된 지금
차라리 행간에 스며든
나의 마음은
고요 속에 가볍게 눕는다

추억, 그 시간 속으로 흐르다

추억은 오랫동안 내 안 깊숙이 쟁여진 시간들이 솟아올라 돋아나는 그림이다
때로는 손톱자국에 긁히듯 무늬를 만들기도 하고 더러는 굵고 깊은 자국으로 지워지지 않는 화인이 되기도 한다
덧살로 생겨난 시간들의 흔적, 추억은 지나간 풍경이 가면을 쓴 무희처럼 서로 몸 부비며 마주 보며 빛나는 불빛
뜸 잘 든 기억의 항아리에 햇빛 찾아들어 이미 멀어져간 무덤가 깃발로 손 흔들며 서 있는 하나님의 시간 위에 항시 처음이 되는 그리움 덩이, 덩이들

금줄 시대

저 벅찬 신록의 경이로움
계절마다 피고 이우는 고독의 미학

2021 코로나의 광기
무너져 내리는
세상살이는
골 깊은 가슴앓이다

집집마다 금줄을 치고
거리마다 냉냉한 언어의 빙벽

마스크 속 대화 참 고단한 세상 만나다

봄잠

편두통으로
잠 못 드는 밤이
길어질수록
머릿속 동굴의 파고는
더욱 깊어진다

단잠의 허기

곡선의 골목을
아무리 걸어도
끝나지 않는
길의 꼬리

지난밤의 염문처럼
아침 햇살이 퍼질 때쯤
노루귀만큼의 단잠
생의 가장 깊은
수면의 바다

생의 더듬이로

깊이 묻혔던 말 한마디
툭 거실로 걸어 나온다

더듬더듬 찾아낸
옹이진 침묵 속 빛 하나
한 날이 가고 오는 길목에서
오직 갈망으로 선
꼭두서니

익숙했던 오랜 시간
진화되지 못한 채
궁핍한 기도 몇 날이었나

이제
생의 더듬이 한쪽
남은 삶의 여정
익혀가고 있는 중

자폐의 흙에 뿌리내리기까지

초겨울 달이 높다
자꾸 가슴이 서늘해 오는 것은
가지마다 망설이며
잎을 떨구던 갓 지난 계절을
놓지 못하고 있기 때문이다

시간이란 외줄을 타고
마포에서 영등포로
이사를 했다
새 주소를 익히기까지
오랜 시간이 필요했다

생의 낯선 시간들 앞에서
모종된 뿌리가
몸살 앓기를 여러 번

새로운 둥지의 명패
한쪽 발에서 다른 한쪽 발

가장 아름다운 날을 위해
또다시 뒤꿈치를 든다

자폐의 흙에 뿌리 내리기까지

지상에는 시가 있었네

우리는 산다
날마다 견디며
영혼의 끝자락을 붙들며 산다

역병의 시간 속에서도
황홀한 내일의 태양을 본다
남몰래 지워져 가는
언어들의 모종
유서 쓰듯
다시 썼다가 지우며

살아있는 날들의
지상 과업
약속이나 받아낸 듯
마스크가 없으면
밖을 볼 수 없는 세상
절룩거리며
법치에 순종하며
가늘게 떨리는 슬픔과 분노

이것이 지상에서
마지막 생살 찢는
십자가이길 고대하는 중

무표정의 얼굴에
말을 건넨다

그러나
더 이상 헤매지 않으리라
햇살에 고여 피어나는 생명처럼
밤낮의 고통 이겨내며
시를 잉태하는 이 자리
운명처럼 노래하리라
또 한해가 늙는 지상에서의 저녁에

목숨의 간이역

산부인과 수술실 안은
채 마르지 않은 태아의 껍질들
재빠르게 간호사들이 벗기고
매장되었던 핏덩이
세상 밖 울음을 터트린다

긴 잠에 빠져가는 어미는
탯줄을 품었던 빈자리에
서서히 또 다른 생명으로
채워갈 자리 충전 중
그렇게 늘 어미는 목숨의 간이역

가난한 시의 향기

아직 아침의 확연한 햇살이
퍼지지 않은 시간
대책 없이 저당 잡힌 추억 하나
툭 서정리 앞산에서 걸어나온다
그 야산 언덕 정수리
바람을 마주서며 해를 기다렸던
각진 제복 위에 빛나던 계급장
그 곁에 코발트색 코트가 힐끔힐끔
짧은 스커트의 속살을 보이던 때, 그때

벌써 해가 올랐다
빈 거실이 빛으로 가득하다
생의 끄트머리 시각, 거기서 만난
가난한 시의 향기 노년의 어깨가 반짝였다

음압 병동을 엿보다

한 생애 단 한 번도
만난 적 없는 핏빛 절망
알 수 없는 굴레의 미궁
이 아득함 속에서
계절은 제 혼자 왔다 가고
서걱이며 풍경을
지워 가는 어둘 녘
외로움의 뿌리는
더러 길을 놓치고
까마득한 세상의 허망에 묻힌다

슬그머니 당도한
삶의 끄트머리 근처
뒤돌아볼 사이도 없이
기진한 얼룩진 삶들이
아직도
변명의 꼬투리가 남았는지
좀처럼 잠들지 못하는
자정을 넘긴 시곗 소리

오늘 밤
생경한 길목에서 만나
목이 쉬어버린 한 생의
여과되지 못한 목숨 하나
마지막 집에 들 듯
음압 병동을 엿보다

확진자

바깥세상 맘껏 뛰어다닌 죄밖엔

햇볕 바람꽃과 나무를 사랑한 죄밖엔

대지의 숨소리 맑은 공기를 좋아한 죄밖엔

이따금 콧물 두어 번 기침 소리 낸 죄밖엔

자꾸 나더러 코로나 확진자란 용수를 씌운다

차가운 절망과 무기력과 아지 못할 분노

아, 내 평안의 집이여

제 안의 뿌리조차 만날 수 없는

모두가 떠난 이 먹먹한 생이여

지구는 여전히 시간을 휘젓고 있지만

그래도 완벽하게 돌고 있는데

몇 장의 감성

푸른 수풀과 밑그림이 된
삼월 끄트머리쯤
목련의 꽃잎들이 황홀하다

금방 날개 돋친
어린 비둘기 한 쌍
숨이 버거워도 멈추지 못하는
날갯짓의 간헐적 허기

기어이 피곤한 안색으로
돌아가는 회색의 공원 모퉁이
창공을 꿈꾸는 바램은
점점 지쳐가고
발걸음 뜸한 지상의
어둠 속 잠들지 못하는
슬픈 몸살로 뒤척인다
몇 장의 감성을 열며

만파식적

그대이름 만만파파식적
신이 빚어낸 피리소리 들으신 적 있나요
대나무의 뼈 마디마디를 열어
손끝에서 풀어내는 영험한 피리소리
이 밤 하늘의 피리를 부는 자 누구인가
공룡포 긴 옷자락 여미고
백성을 위한 간곡함으로
봉헌하는 생명의 소리
닫힌 죽관 마디마다
숨을 불어넣고
혈의 길을 터 흐르게 하는
곡진한 심장의 소리여
저 영혼의 소리
병마로 죽어가는 민초들
다시 맥이 통하고
목숨 살아난다
나라에 어둠이 덮여와
위태로울 때마다
저 피리 소리

외적을 물리치는
오직 빛의 소리
구원의 만파식적

모진 비바람과 눈보라 속에서도
나라를 지키겠다는 일념 하나로
피리 불던 신라의 파수꾼
신라 거룩한 영혼의 소리
신라 천년의 저의 소리

이것은 피리가 아니다
이것은 그냥 죽관이 아니다
이것은 백성을 위한 피의 노래다
이것은 나라를 지키는 번제의 소리다

저 태곳적 고결한 음결
열린 숨구멍마다 천계로 이어지는
잘 여문 피리 소리여
하늘이 허락하여 내리신
목숨의 피리여, 피리 소리여

그리움은 늙지 않는다

기다림의 계단을 타고
끝없이 오르는
허기의 꼭짓점

허리 휘어지고
무릎 꺾여
더는 닿을 수 없는
거기 그래도 여전히

그리움은 늙지 않는다
날마다
새파랗게 돋아나는
사랑의 층계

낮도 어둠이 되는 세상

숲들이 어둠을 입는 시간
새들은 저마다의 잠을 청한다
그때부터 슬픔과 그리움은 흥건하게 고이고
홀로 밤을 지샌다
어딘가에 제 몸 풀지 못한 응어리 덩이덩이들
동맥경화로 뇌에 부하가 생겼다

왼쪽 방향으로 틀지 못하는 애매한 손과 발
허공을 잡는다

일상의 물상들이 외면하는 사이
두꺼운 커튼은 바깥의 빛마저 차단하고 나섰다

낮도 어둠이 되는 세상
허물어져 가는 뼈마디 세우려 애써 보지만
기력마저 가당치 않다

반쪽이 된 세상은 서서히 서서히 금이 가고
쌓여가는 생의 반성문 유서처럼 남긴다

비밀이 존재하지 못하는

안을 감싸던 몇 장의 감성은
은밀히 비 내리는 날이면
스스로 매듭을 풀어낸다

잘 간수 하지 못해
속내를 들켜 버린 그날은
몇 번이고 그 내력을
변명해 보지만 이미
바깥이 되어버린 비밀은
더 이상 안으로 들어갈 수 없다

외벽을 타고 내린
숱한 현수막 글귀
헐렁하게 불빛을 받고 있다
안이 없는 빈자리
거기 침묵, 한 줌 체취

제2부

풍경이 지워지는 저녁이면

저만치 봄강이 흐른다

삶은 아직도
깊고 추운 겨울이다
언제쯤 끝날지 모르는
긴 어둠의 길 위에서
방황하는 영혼들

가장 뜨거운 심장
흐르지 못하는 시간 들이
기약 없는 한복판에
서서 잠들고 있다

이제 남은 눈물도 기진해
더는 슬퍼할 자리조차 말랐다

저만치 봄 강이 흐른다

주여,
이 땅 이 백성에게 당신의
부드러운 큰 손 내밀어 주소서

불면의 시간

저녁나절의 긴 그림자
차츰 어둠 속으로
빠져갈 무렵
이때부터 불면이
몰입되는 시간이다

오늘 밤도
초봄의 나무들이
서둘러 몸을 푸는 순간
곁 나무에서 잠 깬
텃새들이 숨죽여
엿듣는 비장한
사랑의 열매
그렇게 봄은
충분히 뜨거웠다

눈 뜨면 지워지는 꿈조차
만나지 못한 채

새벽까지 불면은
한 알의 알약이 필요했다

그리움의 식욕

혜화동 로터리
잎 넓은 버즘나무
찻집 2층을 기웃거린다

선한 그 눈빛
그 빈자리
채 마르지 않은
지상에서의 온기
아직 그대로인 채 남아
낙서 몇 줄로
그리운 식욕을 삼킨다

이 황홀한 봄날

지금은 꽃샘 추위 중
간밤에 노랑 입 오물거리다
산수유 일제히 꽃눈을 틔웠다

그간 목말랐던 갈증
낮부터 내린 봄비에
마른 입술을 적시고 있다

어쩌면 생의 절정에
터트릴 환희를 예시하듯
무한으로 걸쳐있는
삶의 빛줄기

사방은 때 묻지 않은
연초록이 눈부시고
능선마다 낯붉히는
진달래의 수줍은 교태

이 황홀한 봄날
기다림 뒤에 완성되는
계절의 목숨
불현듯 다가서는 저녁놀에
눈 밝히는 새로 태어나는 것들

삶이란 말

정리되지 못한 하루가
문을 닫는 시간

온종일 손끝에서
떠나지 못했던
땀내 절은 두 가닥의
가방끈이
이마를 벽에 대고
선 채로 잠을 잔다

한 날에 쓸려간
소소한 일상에서부터
바람에 휘몰려
흔적조차 없는
눈물 같은 것들
이제 사
인생이란 단어를
암기할 수 있었다

지상에서만 만날 수 있는
삶이란 말
그 정갈한 절정 앞에서
만나는 별 하나
참으로 고귀한
위로의 비문
푸르게 새겨본다

아버지의 시간

절뚝인다
곧은 척추 잃었다
퇴행성관절염

고도를 기다리기
수십 년
어둠이 가실 때쯤이면
허리 굽혀
뼛속까지 스며든
흙냄새 맡던 아버지

이젠
빗소리도 달갑지 않다
논밭에 다 자란 자식들
그대로 혼자
클 수밖에는
안에서 안으로만 쌓여가는
무기력한 시간들

아버지의 몸에서
아버지가 빠져나가고 있다

흙이 되기 위해

펄펄, 펄펄펄
꽃잎이 한꺼번에
쓰나미로 떨어지는 사이
살아서 타 보지 못한 리무진 자동차
단 몇 시간 호강을 하며
최초의 말씀처럼
흙이 되기 위해 돌아갔다

떠나고 남은 온기
그의 부재를 생각하는
꽃 지는 봄날 오후

켈러피 인장처럼
가슴에 새겨진 낙관

고서로 쌓인 책과 책상 그리고 만년필
옆자리를 차지한 종잇장의 누적
주인 없는 것들의 이름은
모두 떠난 자의 체온이다

머지않아 눈 위의 발자국처럼
사라질 분신들의 명패, 그 과거형

햇살 끓이다

손가락 사이사이로
햇살 부서져 내린다

한 움큼도 잡지 못한 꿈
모래알처럼 빠져 나갔다

네팔 친구의 넉넉한
말 하나 그립다
스사마[1]가 다시
노래를 부른다

레쌈 피리리
레쌈 피리리
우레라 자우키
다레나 반잠
레쌈 피리리

실크 날개옷 입고 사랑하는 너에게
날아가고 싶다는 소망

꿈은 사라진 것이 아니라
바로 네 곁에 있단다

햇살 끓는
여름날 오후
너에게 건네는 말 하나

1) 스사마- 네팔의 시인 친구의 이름

생애 가장 쓸쓸했던 그때

벌써
그 땅을 떠난 지 오래
어릴 적 동화처럼
기억조차 아련하다
내 생애 가장 쓸쓸했던
고향이란 이름
늘 어머니 사랑이
그리움의 파편으로 남아
곳곳에 상처 진 흔적들

마당 한 켠
턱진 장독대에 올라
미어캣처럼 목을 빼고
내게 이어진 길을 더듬던
서러운 아이의
붉디붉은 심장

오늘 밤도
그때의 차가운 비애로
창백한 잠에 든다

그리움의 뒤끝

그리움의 뒤끝
떠나지 못하는
내 안에 깊숙이
새긴 문신 하나

시간 위 각질을 벗기다

부리에 날개 죽지에 그리고
발톱에도 덕지덕지 각질뿐이다
이제 저 푸른 창공의 영역도 잃었다
날기를 포기하고 마지막 생을
기다려야 한다

멀리서 그 낡은 생각은
가짜라고 기별이 왔다
매일매일 근육 빠진
날개의 깃털을 골랐다
조금씩 무딘 날개는
떨어져 나가고
가벼움이 솟았다
이제 발톱 차례다
작은 걸음으로
돌아서는 견고한 각질
끝내 스스로 해냈다
새 발톱이 보였다
그동안 부리는 어느새

쪼는 무기가 되어
강력한 근육을 가졌다
아, 창공이 열렸다
하늘의 살 내음이 몸을 감싼다
다 버린 후의 신생
시간은 그저 흐르는 것뿐
그 위에 쌓인 늙은 각질들
날마다 벗겨야 한다

세월은 가도 시간은 늙지 않는다

슬픈 겨울을 지나다

어두운 이 땅의
목숨 위로 눈 내리다
다시 눈 내린다
제일 반짝이는 말씀으로
적막의 고독에 내려앉는

서둘러 조국이란
이름 부르지 않으리
온 나라가 눈에 덮여도
덮이지 못하는
국정농단의 용광로

부끄러워 목이 메는
이 땅의 비천함

스스로 썩어 으깨진
아, 슬픈 내 조국이여

피 뿌려 간수한 선열들의
위대한 자존 잊었는가
얼마나 더 피 흘리며
걸어야 할까

어디쯤에서 흩어진 별들
반짝일 수 있을까

슬픈 바람 소리
귓불을 후려치며
달아나고 있다

꽃잎 뚝뚝 내리고

봄꽃들의 반란이다
겨우내 스멀거리던
무수한 밑어들이
한꺼번에 꽃으로 피었다

머지않아
내 몸을 온통
붉은 반점으로
점령할 꽃가루 알레르기

봄이면 좀체
떠나지 않는
붙박이 바이러스

가난의 등짐을 못 이겨
큰딸을 도시로 보내야 했던
슬픈 어머니

골목길을 빠져나갈 때쯤
끝내 이름 부르지 못한
목 멘 울음의 아다다
꽃잎 떨어지는 길 위에
서러움이 뚝뚝 내리고 있었다

생존의 교차점

생존의 교차점
정차 20초의 시간
서로가 옷깃 비벼대면서
시선은 어딘지 모를 곳으로
던져놓고 들어섰다
서서히 눈 안에 들어오는
얼굴들이 창백하다

일상은 무섭게 칼날을 세우면서
생존의 전쟁이 시작 된다
마포에서 여의나루를 지날 쯤
덜컥대며 빠른 속도로
미끄러지는 5호선
속도감에 온몸이 전율 한다
밖은 아무것도 모르는 척 마냥
푸른 물빛 두루마리로 흐른다
물속을 지나는 사람들
무슨 생각을 하고 있을까
모두가 고개 숙여 묵념 중이다

궤도 밖 세상을 잠시 잊는다
쿳등으로 지나는 일상
마치 ICBM에도 끄떡 않는
담대한 사람들처럼
지칠 줄 모르는 속도
그 위에 세상을 올려놓는다

기적이라 말하지 마라

지독히 암울한 세상에서
막막한 소망을 붙들고
날마다 속 빈 채로
갈대처럼 흔들리며
울음 울었던 그 여자

딸꾹질 하나로도
토해내지 못했던
지난 아픈 계절들
수십 년을 한 방향만으로
머리 두었던 그 여자

고갯길 오르면서도
힘들다 한마디 말
입 열지 않은 그 여자
제 길을 결코
벗어나지 않은 그 여자

누가 보도 위
벽돌 틈으로 피어오른
작은 꽃 보았을까
누가 생명의 그 꽃
기적이라 말할까
기어이 먼 길 돌고 돌아
만나는 너와 나
태초에 내린 한 줄기 빛
여기 오늘
광활한 땅에서
뜨거운 새 노래 부른다

삶의 언어

다시
흐르는 시간 속에서
삶의 언어를 모종한다

생의 목숨
날마다 마주하는 말과 말
때로는 너무나 생경스럽다
그 낯섦에서 생겨나는
말의 나라
조금씩 조금씩 다가가
말을 건넨다

계절의 무게

어머니는 늘
계절의 무게를
이고 사셨다

봄이 되면
밭이랑에 허리를 묻고
여름이면
고추밭 뙤약볕을
수직으로 받아낸다

가을
그 풍성함의 무거움

어쩌면 어머니는
짊어진 삶의 중량
스스로의 무게에 눌려
몇 번이고 주저앉으셨을지도
모를 일 모를 일

파랑이 일다

— 신종 코로나19 바이러스

낯선 미지의 이름
신종 코로나19 바이러스
인간세계에 침범한 무법자
눈 뜨면 사망자
확진자의 계수는 늘어나고
하루를 또 견뎌야 한다

'코스트 격리'
'사회적 거리두기'
참으로 생소한 언어들이다
조여오는 목숨의 길이
목구멍을 타고 내리는
쓴물 같은 멍든 폐들의 반란
밑바닥의 통로가
비밀처럼 어둠에 갇힌다

하루아침에 세상 나라들이
빗장 걸고 스스로 갇혀
코로나19로 추락해 버렸다

마스크 없는 슬픈 백성들
하루의 키가 한 뼘씩 줄어드는
파랑이 일고 있다
스스로 출입구를 찾아야 한다
날마다 유서 쓰듯
서로의 안부가 슬프다
이제 우리는 이 공포의 땅에서
마침내 생의 광야로 뛰어나와
다마르[2]에 귀 기울여 보라
“이 또한 지나가리라.”[3]

2)하나님 말씀

3)솔로몬의 지혜의 말 중

봄날 유혹

신발 벗고
푸른 잔디 위
이브가 되고 싶다

꽃을 피워
먼 산
붉은 혈액으로 돌고
따스한 햇빛
눈앞에서
잎새의 실핏줄 위로
아지랑이 피어오르는
지상의 호사 누리며
피조물을 위한 자비로
이 봄날
누구라도 그윽히 손잡고
어깨 도닥이며
가는 길 함께
우리 생 확인하고 싶은 날

구월의 품격

짙푸른 풍경 속에 구월이 있다
풍요한 잉태를 위해
한 나무의 풍경이 된다

열매 맺기 위해
고귀한 등 땀을 닦는다

붉게 몸을 여는 가을빛
격정의 시간들 모아
바벨탑 세우듯
사다리를 오른다

아직은 신열의 시기
황금 과실을 기다리는 시간

거대한 저울에
태양을 올려놓고
그 위에 다시
과수의 품격을 달아
아벨의 제사를 드린다

해 질 때까지

오래 쌓여만 가던 시간들
더 이상 머물 수 없어
낡은 사진틀 속박제가 된다

그토록 푸르던 꿈들도
허공에 날아간 지 오래
끄트머리쯤 남은 온기
한 자락 붙들고
궁핍한 단내 맡는
늙은 짐승처럼
세월을 타고 앉아있다

그래도 아직
누군가 나를 깨우면
생의 결산서 퍼즐처럼 맞춰
해 질 때까지 광활한 바깥

가난한 욕망으로
달려가 볼지 모를 일

제3부

시간, 그 어릿광대

낮음의 미학

바다는 거칠게 요동치면서도
결코 윗자리 탐내지 않는다
늘 낮은 자리,
동일한 위치에서
모든 것을 품는다

예수의
낮음의 미학처럼

긴 하루

생존의 질감들
철 지난 옷들이 차곡차곡
이순에서 스치듯
지나간 시간들 위로
어지럼증의 허기를 채워가고 있다

먹먹한 하루
지독한 칠월의 매미 소리도
전혀 들리지 않는다

그저 흐르는 시간들이
쳐 놓은 덫에 걸려
신음 중이다

하필 균형 잡기 힘든
폭염 속에서
자꾸 저려오는 통증을
추스르라한다

긴 하루
겨우 남은 잉크병 흔들며
궁핍의 편지 한 줄 써 내려가는 중

생의 자맥질

가끔 이런 날엔
사는 게 팍팍해서
어린 날 자갈만 깔려있는
개울에서 맨발로 첨벙이며
맘껏 웃던 그때가 그리워진다

바람도 없는데
어깨가 시리다
추위도 지난 지 오래
봄이 문 앞에 아물거리는데
차마 가슴 펴고 일어서지 못하는
이월 어느 날
강물이 먼저 앞장 서
풀려나간다

시간은 스스로 만든
길 위에서 새벽을 만들고
나는 그저 그 길로 나오곤 한다

밤새 입에선 단내를 만들고
아침은 어지럼증으로 시작한다
어디쯤에서
삶의 갈증
풀어낼 수 있을까
끝날 것 같지 않은
생의 자맥질

시간, 그 어릿광대

오후 2시35분쯤
5호선 마천행 지하철
1분전이다
역무원이 급하게 쫓아온다
숨이 턱에 찼다
“방금 어르신 교통카드 찍으셨지요?”
“네, 그런데요.”
“신분증 좀 보여 주세요”
주섬주섬 가방 속 지갑을 찾는다
“몇 년생이시죠?” 다그친다
드디어 신분증이 열렸다
내 속살을 들킨 것 같아
괜한 신열이 오른다
열없이 웃음이 난다, 자꾸 웃음이 샌다

스크린도어 유리창에 비친 나비 한마리
오래된 들판을 거쳐 온
풀죽은 날개 밑에서 향긋한 풀냄새
깊숙이 갇혀있던 시간 속 한자락 출렁한다

아직도 젊은 날의 DNA가 남아 있는 걸까

오늘은 멋쩍게 스스로에게 위안을 받는 날

시간, 그 어릿광대 외줄 위에서

봄이 되며는

죽었던 사람이 부활하듯
뼈마디 마다 필사적으로 놓지 못한
꽃눈들의 반란 중
몸을 버리지 못한
간절한 잎들 사이로
묵은 살을 헤집고 나온
무의식 속 숨결들
그 옆에서 가지를 타고
달빛조차 들이지 않은 밤
연분홍 잎들이 연신
젖을 빨아대고 있다

아버지의 초상

시간의 탑이 쌓여가는 동안
지나가는 계절은 서서히
제 발자국을 지워간다
그 위로 새롭게 태어나는 생명들
바람을 맞으며 때로는
폭풍우도 견뎌내며
자신을 키워간다

늘 흔들리는 생 앞에서
그늘도 드리우고
꽃도 피워가며
서로가 서로의 어깨를 내어준 채
나이테 늘려가는 저 나무들
문득 아버지 머리 위로
날아가는 까마귀 떼를 본다

저녁놀 속에서 마냥 피어나고 있다

날마다 부풀어 오르던 젊은 날의 하늘과
근육질의 질긴 욕망이
한데 어우러져
세상을 잡고 춤추던
수천의 발이 수천의 손이
존재의 사유를 들려주고 있다
이제 하나 남은 시의 가닥
기다림 끝에 안겨오는 꽃송이 하나
반쯤 기울어진 저녁놀 속에서
스스로 숨죽여 피어나고 있다

봄의 입질로 생기가 돈다

햇살이 스미는 곳마다
서둘러 몸을 푸는
산고의 탄성이 홍건하다

서둔동 농업 시험장
밭고랑마다 아낙들의
부지런한 호미질에 걸린
봄의 입질로 생기가 돈다

씨앗을 뿌리면서부터
깊은 가슴속 기도문 하나
'아직 단단한 씨방에 갇혀
눈뜨지 못한 목숨들
어서 일어나라'고
주문을 걸어보는
이른 봄날 아침

영등포공원 밤이슬에 젖는 사람아

공원 후미진 한쪽
은사시나무 야윈 채 떨고 있는
그 아래 언덕배기
맨몸으로 서는
무대의 첫 배우처럼
한뎃잠 밤이슬에 젖는 사람아

하루에도 수십 차례
기차가 지나는 철로 옆
지상의 질긴 목숨 뉘이고
선잠으로 밤을 새우는
낯익은 긴 머리 철학자
서늘한 밤공기에
생을 고민하고 있다

시간의 물살에
휩싸여 온 난민처럼
막막한 시간과 공간의
무방비적 경계에서

좀처럼 차례가 오지 않는
자아를 찾아 나선다

제풀에 말라가는
젖은 빨래처럼
마른 살갗 위로
낮은 빛살을 받는
눈물 가득한
풍화된 생명 하나

영등포공원 낮은 언덕에
크로바 뿌리처럼
한뭇 자신의 영역을
조금씩 넓혀가고 있다

가을병

가을을 타서 우울한데다
마른 머리칼 몇 올이 어깨 위에 얹힌다
머리칼 탓이 가당치도 않은데
힐끗거리며 손가락이 서걱해진 머리를 만진다

시든 살갗 위 검버섯처럼
자꾸 가슴이 서늘해 오는 까닭은
반짝이며 찰랑이는 강물을 갈망했지만
그 역시 흘러가 버린 뒤
다시 돌아오지 않기 때문이다

살아있는 것 모두가 뒤돌아보지 않고
달아나버린다는 자연의 법칙

그래도 누구에겐가 죄를 묻고 싶은
가을 병이 도지는 어느 날 오후

초겨울 비

초겨울 비가 내린다
이미 마르기 시작한
나뭇가지들은 젖을 줄 모른다
다만 안과 밖의 경계에서
계절이 지나는 풍경속
통과의식 뿐이다

늦은 산수유 빠알간 열매
저문 가지 끝에서
가늘게 떨며, 흔들리며
맨몸으로 홀로 견디기 연습 중

봄밤에

철 늦은 봄이 오고 있다
언 땅 녹는 틈새로
뽀얀 살결의 여린 싹이 나온다

영등포역 근처에서
겨울을 보낸 사람들이
하나둘씩 빠져나와
공원의 파란 풀밭에
몸을 뉘인다

묵은 자리마다
연록의 잎새들
지난 겨울 몇몇이
세상을 등진 비어있는
그 자리에도
여전히 푸른빛이다

다시 낯선 이방인과
새로운 젊은 목숨들이
자리를 넓혀가고 있다

건너편 아파트 창문마다
웃음소리 흥건하고
밤 깊어 미동 않는 적막 속
'푸드득'
까치가 사랑을 나눈다
봄밤은 자꾸 생명들을
배설처럼 늘려가고 있다

봄이 벚꽃을 물고 있다

새 한마리
봄을 날다

어느새
윤중로 강변은
완연한 봄을 입고
가지마다
벚꽃을
물고 있다

어디서 왔을까
저 보드랍게 풀리는
강줄기를 타고
아니면 남몰래
밤의 꼭대기에서
뜨거운 가슴 열어
꽃불을 데불고 왔는지

나는 하릴없이
신발을 벗고
사월의 꽃잎 위를 밟는다

서걱거리던
겨울 끝자락도
떠난 지 오래
상처 진 잎들 죄다 떨구고
하얗게 터지는 꽃 이파리들

나는 하늘이 풀리고
파랗게 열린 공중에
단 하나의
꽃의 연서를 날린다

겨울나무

죽은 듯 서 있는 나무들의
거친 표피에 맥을 짚는다

찬 서리 거센 바람에
추운 세상의 강 건너느라
그렇게 속울음 응얼져 있다

아직 못다 삭은 피
옹이로 남아
또 계절 속 풍경을 견뎌야 한다

지름길은 아예 처음부터 없었다
수억 년이 흐르는 동안에도
여전히 지켜져 온 약속 같은
자연법칙의 통과의례

유리 조각 같은 파편의 햇살
집안 깊숙이 들일 때쯤
손 시린 시간 사라진
그 자리 위로
다시 봄은 오려니

그래도 삶은

낡은 나뭇잎 몇 가닥 붙들고
겨울이 떨고 있다
그 나무 곁으로
노숙의 전령들이
햇볕 따가웠던
시간의 무게를
가늠해 보고 있다

더 이상
무거운 하중을 이기지 못해
주저앉고 싶은 삶들
여기 저기 숭숭 구멍을 내며
뒤척였던 실존속 흔적들
지금은 바람을 앞세워
드나들고 있다

영등포의 봄

사월 초순 이맘때면
우리들의 맨발 앞에
이 땅의 봄꽃들은
일제히 지천으로 피어
일상의 시간 속에서
잊혀졌던 순수를 만나게 한다

삶은 끝없는 미로
뵈지 않는 바람처럼
어질머리로 다가오지만
때로는 오묘한 빛과 향기로
오늘처럼 꽃그늘 속에 우리를 가둔다
덩달아 강물도 별빛보다 더욱 환한
꽃이 만든 봄의 천국에 든다

거리는 온통
분홍빛 심장으로 들끓고
따뜻한 숨결과 꽃의 입술은
영등포의 봄을 노래하고 있다

창포물 흐르는 하늘

푸르른 유월
눈이 시리다

창포물로 흐르는
단오의 강
비릿한 머릿결
모두 씻어 말려
비단 한 필
짜 올리고 싶다

그대 명치 끝
그 거리쯤에서
반짝이고 싶다

처서 무렵

여름 한 철도 끝물이다
더 이상 원두막을
지키지 않아도 된다
나무들도 더는 자라지 않고
잎을 하나둘 떨구며
스스로 물들어 가고 있다

처서가 지난 며칠 후
다시 남부 지방엔
몽니 부리는 장마가 왔다

태양은 공연히 한기를 느끼며
여름 내 맘껏 쏟지 못한 설움
노염 푸는 푸닥거리 중

거리나 골목이
깊은 상처로 신음하고
뼈마디 불거진 아픔이
삶에 지친 어깨 너머로
덜컹덜컹 무너져 내린다

먼 기억 속 저녁 답

마을 언덕 위 집 들이 어둠에 묻히기 시작한다
온종일 빈집 지키다 허기진 동네
어둠이 한 소금 지난 뒤에야 사람들은 분주하다
쳐진 어깨와 어깨를 비비며 기다림에 목이 길어진 아이들
낮 동안의 설움과 그리움이 서서히 지워져가는 시간

내 어릴 적 시골집엔 늘 흐릿한 등잔불 밑에서
겨우 하루의 노동이 끝이 나곤했다
거기 까맣게 그을린 식솔들의 유순한 웃음들이 퍼지고
깊은 저녁 답이 지나서야 깨어나는 마을들이
게으른 기지개를 편다

녹차를 마시며

네팔의 가파른 산맥
중턱쯤에서부터
짐 지고 온
연록의 차를 마신다

설산의
맨 아래 마지막 제단
긴 수염과 온 몸에
색색의 물감을 바른
어느 수도자의 예언도 담아왔다

다산의 여인을
간지스강 언저리마다
풀어놓은
다분히 유혹의
진록색 냄새

누군가 밟고 내려온
긴 강의 흔적

다시 그 길을 좇는 것이
세상의 이치라고
녹차 우려낸 맛이
말씀으로 전언하고 있다

저 우주는 무슨 DNA를 가졌을까

더위 채 가시지 않은
시월 중순께
계절은 늘 익숙하게
다가서지만
그때마다 새롭다

생살 속에 녹아있는
지나가는 시간과 풍경
스스로를 태워 올리는
삶이란 덫의 번제

만유인력은
무슨 조화로
위에서 아래로만
목을 내걸고
자전과 공전은 무슨 괴력으로
지구를 쉼 없이 돌려대는지

밤과 낮
봄 여름 가을 겨울

늙지도 않고
쇠하지도 않는다

저 우주는 무슨 DNA를 가졌는가

낙화의 시간

시간이 불투명한
인기척으로 지난다
내게 허락된
시간은 너무 짧다

이제
농익은 삶의 풍경 속에서
낙화의 때만을
기다리는 수밖에
더 이상 익힐 일도
더 이상 물들일 것도 없는
시간의 종국
어디로 흘러야 하나

어디쯤에서
남겨진 시간은
시계추를 멈추어야 하는가

제4부

외줄 타는 어름사니

외줄 타는 어름사니

낮과 밤의 경계에서
또 미완성의 하루가 지고 있다

등 푸른 겨울바다 위
거칠게 몰아치는 파랑

삶이라는 시간 속
가쁜 맥박으로만
초침을 돌렸던
턱없이 짧은
점. 점. 점

어느새
새들은 둥지를 떠났고
혼자서 외줄 타는 어름사니
아득한 지상과의 거리
생기 잃은 발끝엔
버석이는 강물만 흐를 뿐

생의 첨삭

한 마리
나비의 날갯짓
이 꽃에서 저 꽃으로
옮겨 앉듯
지우고 더하고 빼기
어쩌면 지극히
자연스런 일인지도 몰라

그러나
인생의 첨삭은
피가 묻어나지

생명줄
줄였다 늘렸다
수천의 이빨자국
상처로 남아
지워지지 않는
흔적 남기듯
또렷하고 분명하지

그렇지
생의 첨삭
오직 위에 계신
창조주의 영역일 뿐

삶을 짓는다

삶이란참으로 이상한 수수께끼
하루에도 몇 번이나
봄이었다가 겨울이었다가
부르지 않아도 달려와
절망 쪽으로 등을
떠밀다가 다시 돌아와
희망이란 선물을 안기기도 하는 것

삶이란 형체도
없는 것이 좌지우지
참으로 요사스러운 것
불같은 증오였다가
마그마 같은 사랑이였다가

오늘 밤 같이
불꽃들의 산통이
있는 날이면
쿵 쿵
내 목에 걸린
가시에 대한 생각

밤새워 캐내지 못한 사유
생의 진실한 옷 한 벌
짓는 중

봄꽃, 염문처럼 오다

찬바람은 여전한데
봄꽃 소식이 먼저 왔다

온기라곤 전혀 없는
신길6동 언덕배기
이따금 지나는 사람들의
발걸음 빨라지고
옷깃 여며 가슴 데우는
가벼운 염문들만
골목을 뎁힌다

풍문을 따라온 사랑 하나

잔설이듯 겨울밤
생각으로 남아있다
길게 흐르지 않던 시간들
추억의 방향 쪽으로
머리를 두고 있다

구름의 집 근처

하얗게 누워있는 눈길을 따라 오른다
오랫동안 잊었던 길, 기억의 꼭짓점
한 사람만의 너비로 걸을 수 있는
좁은 길로 오르면 그 끝에는 오리나무
몇 그루와 구름의 집이 기다리고 있다

둥근 그 집 날개 추녀 끝에는 늘 적막한
이별이 감돌고 맞은편 풍경을 지워가는
요정이 있었다

계절마다 섬처럼 풀어놓던 나무들의
색깔들 그 사이사이에 촘촘히 심어놨던
속살의 아린 이야기들
거기 아직도 떠난 지 오랜 그대의
맨발 자국이 남아있다

빈 가슴이 시린 오늘 같은 날
홀로 그리움의 강물을 열어
그 위 그대 불러 다스운 숨결
베고 누워본다

에스컬레이터 위에 서 있는 사람들

출퇴근길엔 에스컬레이터에 서 있는 사람보다
층계를 건너뛰는 사람이 더 많다

인생은 늘 숨차게 달려도
종국엔 후회로 돌아가는 백치

에스컬레이터에 발을 딛고 서서
아래서 위로
위에서 아래로
상승과 하강의 교행 속에서
숱한 얼굴들을 마주하며
스쳐가는 인연의
한낱 삶을 기억 한다

생의 긴 끈을 이어가듯
하루하루가 우물 속 두레박이
닿지 않을 수심처럼
반복되는 에스컬레이터의 연속

목숨은 눈물로 짜여 진 그물망

도시의 꽃잎 하나 떨어져 눕는 날
누군가 제 생의 내면으로 빠져가는
블랙홀을 만난다

에스컬레이터를 타고 내리면서

두통

누가 머릿속에 못을 박는가
그녀는 두통을 달고 산다
궤도를 벗어난 행성같이
전두엽의 탈선
겨울 산의 등뼈로 솟은
머릿속 이물질
스스로의 길을 잃었다

그녀는 순리대로 사는 여자
제 자리가 아니라면
나와야 한다고 달래고
타일러보기도 여러 번
그래도 요지부동이다
도무지 나올 기미가
보이지 않는다

영상이 찍히면 영혼을 잃는다는
어느 아프리카의 원주민처럼
MRA를 거부했다

생의 내면에 뜨겁게 흐르는 강물
드디어 집도의의 이마에
땀방울 뚝뚝
거룩한 제사를 집행한
수도사처럼

정갈한 가제에 덮인 두통이
슬그머니 자리를 떠난다

서둘러 봄꽃이 피기 시작한다

그리움의 이름으로

그리움의 이름으로
네 무릎 아래
고백하고 싶은
말 하나

차양 없는
모자를 쓰고
파릇한 잔디
그 위를 걸으며
네 향기 짙은
영혼 앞에
토해내지 못한
말 하나

남루의 낙서를 입고
깊어진 내 사랑
부끄러움처럼
네 이름 앞에
한 장 편지 띄운다

입덧 하나 봐

철 아닌 복숭아가
지독히 먹고 싶은 건
내가 하와였기
때문인가 봐

하나님 말씀 어기고
아담을 유혹해
따 먹은 선악과

여자에겐 평생
산고의 고통을 준다 하셨던가

미열의 이마를 짚어
태아의 거동을
살피는 저녁
잡히지 않는 맥
아무래도 아기는
아닌 듯싶은데
입덧은 틀림없어

사랑이란 말의 무게

사랑이란 말의 무게가
얼마나 가벼운 것인지
이별을 앞에 두고서야 알았다

삶에 갇혀 허우적이면서도
'사랑해, 사랑해'
숨찬 그 소리

참 마술 같은 말
'사랑'

한 생이 흐르다

손이 시리다
심장이 얼어간다
어디에도 기댈 곳 없어
우주 밖으로 떨어져 나간다

침묵 속의 외마디
뼈 마디마디 메아리가 된다

이미 내던져진
깨진 동이가 되어
접착되지 않는다

서로의 가슴에
못 박아대며
돌아가는
물레방아의 물은
망각의 의상을 입는다

강물 위 말 없는 윤슬처럼
그냥 혼자서 한 생이 흐른다

오래된 관계

건너편 옥탑 방
하루의 노동을 뉘이고
잠들 시간

불 켜는 사람
누구일까

어둠 속 고요
숱한 언어들이
내 공책을 지나갔지만
말이 되지 못한 말들
누구의 가슴에도
기록되지 못해
버려진 여인처럼
휴지통을 채운 적 있다

밤새
25시 가게들이
눈 뜨고 자는 밤

오래전 잊었던
글자들 너와의
인연 다시 생각해
더듬더듬 찾아가는
내 바깥 골목길

인공지능 시대

인공지능 로봇에 서서히
무릎 꿇어가는 시대 앞에서
고대와 현대 그리고 미래를
넘나드는 시계바늘을 본다

아침 햇살 배어가는 골목길 끝쯤
서럽게 몸을 부딪치며 걷는 사람들
지난밤을 아직 다 떨쳐내지 못한
약간의 핏기 배인 눈이
바쁘게 서두른다
하루의 삶을 채찍질해 대는
익숙한 조련공

목이 조이지 않도록
적당한 거리를 두고
살아있어 행복한 기쁨을
만끽하는 오정의 태양 아래
아메리카노 한 잔을 마시며
생은 끝없는 투쟁이라고

독백처럼 말문 열자
저기서 로봇이 성큼성큼 걸어온다

‘인간의 목숨은 내 손 안에 있소이다’

거기 숙성된 시간이 있다

저 창백한 달빛
거기 숙성된 시간이 있다

이미 내게
충분히 목말랐고
기다림이었던
지나간 시간들

그대
내 뜨거운 추억 속에서
밤새 꿈으로 서성였다

그날 난 흰 가닥이
뾰족 잔디처럼 나온
머리에 염색을 시작했었다

젊은이란 이미
과거의 아름다움

모든 것이 시간 속에
사라질 동안
어쩌면 기억의 시간은
강물에 몸 세운
산 그림자가 된다

거꾸로 풍경을 만들어 내고 있다

자귀나무 꽃피다

당진 그녀의 창밖에서
사랑을 엿듣는 자귀나무 꽃

육칠월이면 어김없이
오랜 침묵과 기다림 끝에
밤마다 몸을 포갰다 편다

네가 와 닿는 순간
우주도 눈을 감는다

바늘 끝만큼의 틈도 없이
마침내 하나가 되는
몸과 영혼의 합일
그 어지러운 붉은 목숨
뼈와 살이 네게서 내게로
자꾸 투명해 진다
생명의 합환체 의식이다

죽어서도 한 몸처럼

자귀나무가 되고 싶다는
그녀의 겁 없는 음모
오늘밤도 창문을
떠나지 못하는 자귀나무 꽃

겨울 엽서

지금은 눈 내리는 중

눈 위의 발자국 소리
푹 푹
삶의 여정에서 만나는
한 조각 빛나는 설레임

메마른 겨울가지
뼈 마디마디 얹히는
저 현란한 염문
추위 잊은 새들은 일제히
박수를 치며 날다

눈썹에 눈꽃을 달고
은혜교회 천사님 하늘을 본다
'사랑하라, 더 사랑하라'
고개 돌려 지나간
하루를 위해
다시는 돌아오지 못할
오늘을 위해

생의 전단지

날과 날의
간극을 건너는
삶이 힘겹다

이미 시간은 느리고
바람조차 겨울밤만큼
더디 분다

세월의 목숨
간간이 정지된 시간을
기웃거려보는
초로의 젊은 노인

느린 나이로
채 마무리 되지 않은
일상의 무게

어둠 열어오는 새벽
지하철 빈자리에
고단한 생의 전단지
깊게 부려 놓는다

사랑은 불순

방금 노을 지고 난
저녁 답 신길역에서
지하철을 보내고
밖으로 나오는
발걸음이 무겁다

서로가 서로에게
바깥이 되고만
지극한 영토

강 따라 부는 바람과
세상 셈의 산술법

늘 셈이 먼저
얄팍한 가슴을 어루는
맨몸의 사랑아

수십 년을 허물없이
네게로만 걸었던 길

서로의 생살 속에
무늬 져 흐르는
청청한 정절 그 이름
순수라 하지만 사랑은 불순

지상엔 너무 많이
미세먼지가 불고 있다

그래도 오늘만은

천천히 정 들어가는
도시의 지하 단칸방 사람들
얼룩진 그늘로 남은
하루의 끝자락쯤에서
저마다의 삶들이
허리를 눕히는 시간
지친 육신을 위로하며
서로를 쓰다듬는
곁핍의 말씀들

삶의 가치가 실종된
버거워진 생을 위해
그래도 오늘만은
잘 견디었다고
너와 나를 위한
우리들의 술잔을 들자

날이 밝으려면
아직 이른 시각

단 한 번만 일지라도
이 지독한 일상의 방에서
문을 활짝 열고 달려가 보자

선유도 엽서

강이다가 바다이다가
양화대교 밑에서
윤슬로 얼굴을 가다듬는
선유도가 있다

오래 전 선녀와 살던
그 남자도 떠나고
오직 바람과 별만
데불고 살아간다

가끔씩 손님처럼
다녀가는 철새들과
노을이 아름다운
해질녘이면
가슴 뜨거운 사람들이
뒤채는 물결 속에
노곤한 하루를 푼다

오늘밤 나는
아직도 비릿한 사랑
배어나오는 그대에게
선유도 안부를 전한다

궁금한 저녁

공원 산책로 길 옆
작은 돌 사이사이로
햇살 마시며 일어서는 생명들

묵념하듯 고개 숙인
수양벚꽃나무 아래
물 흐르던 기억들이 살아
반질대는 자갈들을 깨운다

작년 사월쯤인가
아직은 차가운 물에
발 씻던 노숙의 이방인
건조한 생의 한 날
몇 번이고 몸 바꾸고
싶었을 우리들의 타인
지금쯤 문 밀고 들어가
한 여자의 퇴근인사
받고 있을지도 모를 일
그의 뜨거운 소식이
자꾸 궁금한 이 저녁

너에게 보낸다

아파트 베란다
계절을 잊은
꽃 한 송이 피었다

너에게 보낸다

오늘이 어제인 양
아침 해 여전히
떠오르고
저녁놀 또한
진홍빛 치마
두른 듯 곱다

너에게 보낸다

아직도 나는
너에게서
하피첩 위에
연서를 쓰듯
사랑의 단서를
찾고 있다

해설

| 해설 |

일상을 노래하는 따뜻한 시학의 울림

— 홍금자 시선집 《지구도 기척을 한다》

정영자

(문학평론가 • 한국문인협회 고문)

(전략)

"방금 어르신 교통카드 찍으셨지요?"

"네, 그런데요."

"신분증 좀 보여 주세요"

주섬주섬 가방 속 지갑을 찾는다

"몇 년생이시죠?" 다그친다

드디어 신분증이 열렸다

내 속살을 들킨 것 같아

괜한 신열이 오른다

열없이 웃음이 난다, 자꾸 웃음이 샌다 (후략)

— 〈시간, 그 어릿광대〉에서

팔순의 팔팔한 젊은 나이는 그에게로 달려 온 역무원의 신분증 제시로 객관적인 평가를 받고 있다. 필자도 이 시를 머리글로 뽑아내어 그의 시가, 그의 울림 좋은 시낭송이 젊음을 유지시키는 비법이 아닌가 놀라고 있다. 역시 자타가 공인하는 젊은 시인 홍금자 시인은 활발하게 현장에 살고 도전하는 시인이요, 시낭송가며 시낭송의 영역을 넓힌 이론가요, 지도자이다.

시인이 쏟아지고 시편이 무더기로 생산되는데 독자들이 시를 읽지 않고 찾지 않는 시대에 홍금자 시인은 독자와의 소통을 우선하고 있다. 친근한 서정적인 시를 통하여 쉽고 이해 가능한 시의 본질을 외면하지 않고 직설적인, 사회 현실 특히 소외된 자를 소환하면서도 처절한 아픔 없이 따뜻하게 위로하는 시의 문학사회학적인 면에도 소홀함이 없다.

쉽게 편안하게 시의 대중성에 관심을 가지고 시인 자신이 오랫동안 실천하고 있는 시낭송의 지평이 시창작에 그대로 용해되고 있다.

시의 위력에는 대중성 확보도 중요하다. 시의 표현에는 시낭송의 율조가 흐르고 있다.

서정성을 근간으로 성찰적 재생을 노래하되 일상적인 삶의 순간, 순간을 포착하여 불합리한 사회문제를 비판하며 기독교적 세계관을 견지하고 있다.

수원 출신으로 수도여자사범대학 국어국문학과를 졸업한 후 1987년 한국예총의 『예술계』로 데뷔하여 시집 15권을 상재한

것은 물론 1993년 시 마을 시낭송회를 발족하여 250여 회 이상의 낭송회를 개최하여 독자와의 소통에 크게 이바지하였다. 30년 이상을 시낭송의 새로운 분야를 개척하여 낭송시 이론서를 두 권이나 발간하며 낭송지도자는 물론 여러 편의 문인극에 출연하면서 시 낭송과 문인극을 통한 독자와의 교류에 적극적이었다. 시 낭송의 사회적 붐을 일으키는 데 크게 공헌하며 자신의 시낭송회를 가곡 발표회처럼 실행한 현장의 시인으로 살고 있다.

이와 같은 역할과 사명이 그의 시 전반에 흐르고 있다.

1. 일상이 실종된 코로나 세월

붙박이 삶이 되어 버렸다
지나는 계절을 허공에 놓고 본다

이태 전 겨울을 시작으로
봄 여름 가을 겨울 그리고 다시 봄
어둠에 갇힌 날들은 열리지 않고
무심한 창밖 혼자서 가고 오는 사계를 본다
꼼짝없이 바깥세상을
만날 수 없는 풍경 앞에
검갈색 커피만 축내고 있다
언제쯤 침묵의 시간 고삐 풀릴까

계절과 계절의 간극
그 맥박을 재 보기도 전
사라져 가는 허무의 시간들
하얗게 센 머리칼이
구역의 구분 없이 크로바 퍼지듯
단호히 점령을 했다

노을 앞에 선 짧은 삶의 깃발
꺾인 지 오랜 무릎 다시 세워
잠든 세포들의 문을 두드려 본다

마른 나무 등허리 감고 돌던
능소화 뼈마디만 남은 빈 가지 나풀댄다
날 것들의 유희, 소독제 냄새가 풍긴다
다시 눈뜨지 못한 틈새로 바라본 사람
마스크로 단단히 숨을 막고
가만히 창 너머
멀리 놓고 손사래 친다
울컥 슬픔이 밟히는 저녁

— 〈슬픔이 밟히는 저녁〉 전문

코로나 바이러스로 세상이 멈춰서고 소통이 단절되어 너와 내가 섬으로 살아야 했던 시절의 시가 많다. 어둠에 갇힌 날에 마스크를 쓰고 소독제 냄새가 풍기는 공간의 저녁을 리얼하게 묘사하고 있다. 하얗게 센 머리카락이 크로바 퍼지듯 머리를 점령한 시적 화자의 일상도 여과없이 드러내고 있다. 〈확진자〉 에서는 마음껏 뛰어다닌 죄, 햇볕 받은 꽃과 나무를 사랑하고 맑은 공기를 좋아한 죄 밖에는 없는데 콧물 두어번, 기침소리 낸 죄로 확진자가 된 심정을 토로한다. 그러나 시인은 그러한 고통을 지상의 시가 있는 삶 속에서 희망적인 전환을 노래한다.

2. 식물성 이미지의 풋풋한 일상

그의 시에는 식물성 이미지의 꽃과 나무에 관련된 시들이 많다. 목가적이고 전원적인 고향의 추억에서 건져 올린 환경적인 요인은 물론이지만 식물성 이미지의 선호도가 강렬하기 때문이리라

지금은 꽃샘 추위 중
간밤에 노랑 입 오물거리다
산수유 일제히 꽃눈을 틔웠다

그간 목말랐던 갈증
낮부터 내린 봄비에
마른 입술을 적시고 있다

어쩌면 생의 절정에

터트릴 환희를 예시하듯
무한으로 걸쳐있는
삶의 빛줄기

사방은 때 묻지 않은
연초록이 눈부시고
능선마다 낯 붉히는
진달래의 수줍은 교태

이 황홀한 봄날
기다림 뒤에 완성되는
계절의 목숨
불현듯 다가서는 저녁놀에
눈 밝히는 새로 태어나는 것들

— 〈이 황홀한 봄날〉 전문

꽃샘 추위 중에도 산수유가 일제히 꽃눈을 틔운 경이를 생의 절정과 환희로 형상화하고 있다. 연초록과 진달래의 분홍빛 속에 노란잎 오물거리듯 피어나는 생명을 '황홀한 봄날'로 명명하고 있다. 시인은 세상의 환희와 생명의 탄생을 표현하면서 충만한 생의 절정을 독자들에게 선물하는 것이다.

3. 은근한 사랑과 성찰적 신생의 창조

그리움의 뒤끝
떠나지 못하는
내 안에 깊숙이
새긴 문신 하나

— 〈그리움의 뒤끝〉 전문

최근에 길고 난해한 시보다 짧은 4행시가 유행하고 있다. 시조보다 더 짧은, 어쩌면 신라 4구체 향가의 또 다른 변형으로 볼 짧은 시행은 이미 나태주, 최동호, 서정춘 등의 시인들의 시에서 성공사례를 볼 수 있었다. '그리움의 뒤끝'에서 새겨진 '문신'은 확고한 사랑의 증거이지만 시에서의 표현은 은근함을 무기로 하고 있다. 일지기 허영자 시인의 사랑시에도 문신이 등장했다. 짧지만 빼어난 서정과 서사를 통하여 압축과 절제로 긴장감 있게 표현한 것이다.

시인의 은근한 사랑깃법은 〈그리움은 늙지 않는다〉 에서도 충분히 감상할 수 있다.

부리에 날개 죽지에 그리고
발톱에도 덕지덕지 각질뿐이다
이제 저 푸른 창공의 영역도 잃었다
날기를 포기하고 마지막 생을
기다려야 한다

멀리서 그 낡은 생각은
가짜라고 기별이 왔다
매일매일 근육 빠진
날개의 깃털을 골랐다
조금씩 무딘 날개는
떨어져 나가고
가벼움이 솟았다
이제 발톱 차례다
작은 걸음으로
돌아서는 견고한 각질
끝내 스스로 해냈다
새 발톱이 보였다
그동안 부리는 어느새
쪼는 무기가 되어
강력한 근육을 가졌다
아, 창공이 열렸다
하늘의 살 내음이 몸을 감싼다
다 버린 후의 신생
시간은 그저 흐르는 것뿐
그 위에 쌓인 늙은 각질들
날마다 벗겨야 한다

세월은 가도 시간은 늙지 않는다

— 〈시간 위 각질을 벗기다〉 전문

“솔개는 40년을 살고 몸이 무거워지면 돌에 부리를 쪼아 새 부리가 나게 하고, 그 부리로 발톱과 깃털을 뽑아내어 새로운 모습으로 변신한 뒤, 창공을 차고 올라가 30년을 더 산다”며 최근 저명한 사람들에 의하여 ‘변화와 혁신의 주체가 되라’는 사례로 인용되어 왔다. 그러나 솔개의 생태와는 무관하게 ‘회자’되고 있었다.

이 우화는 서양권에서 2~4세기에 처음 집필되었을 정도로 추정되는 만큼 오래된 이야기다, 우화에 불과하지만, 2000년대 들어 특히 대한민국에서는 마치 과학적 사실인 양 호도되어 온 것이다. 그러니 우화를 재인용 해석하면서 ‘솔개 70년 장수론’을 펼치며 매우 고통스럽고 중요한 결심을 해야만 갱생의 길을 선택할 수 있다는 점을 강조하기에 인간의 삶도 마찬가지이다.

솔개는 약 40살이 되면 발톱이 노화하여 사냥감을 그다지 효과적으로 잡아챌 수 없게 된다. 부리도 길게 자라고 구부러져 가슴에 닿을 정도가 되고, 깃털이 짙고 두껍게 자라 날개가 매우 무겁게 되어 하늘로 날아오르기가 나날이 힘들게 된다. 이즈음이 되면 솔개에게는 두 가지 선택이 있을 뿐이다. 그대로 죽을 날을 기다리든가 아니면 약 반년에 걸친 매우 고통스런 갱생 과정을 수행하는 것이다.

‘솔개의 환골탈태’ 이야기는 ‘토끼와 거북이의 경주’와 같은 교훈적인 내용을 전달하고자 하는 ‘우화’ 라고 하지만 우리는 동물의 생태학적 진실보다 우화의 진정성에 더 감동한다. 때문에 시인은 이와 같은 우화를 인간의 성찰 및 수행 정진과 같은 노력으로 자아구원의 방편으로 시적 형상화를 이루고 있다. 언제나 피나는 노력과 정진만이 젊음을 지연시키고 자신을 구원하는 것이다. 새의 각질과 발톱, 깃털까지 스스로 벗겨내면서 생명의 부활을 소환한 솔개의 이야기는 인간도 마찬가지임을 시사한다. 딱딱한 교훈적 강연보다 오히려 절제되고 압축된 내용이 리듬을 타고 부드럽게 시적 감수성으로 전달되는 대중성의 소통이 주목된다.

4. 사회비판과 기독교적 세계관

시인은 영등포와 마포지역에 대한 시적 형상화를 많이 하고 있다. 살고 있었고 현재 살고 있는 곳에 대한 관심은 관찰된 것에 대한 확신과 사랑이 있기 때문이다. 17년 동안이나 마포 아트홀에서 진행한 시낭송회는 마포지역의 문학애호가, 시낭송의 보급과 시 사랑에 대한 남다른 애정을 표시하고 있다. 그러나 그의 시는 사랑이 넘치는 시낭송을 통한 치유 외에 세상에 소외되어 있는 사람들에 연민과 관심으로 넘치는 사회학적 비판적 시각도 강하다. 특히 〈그 언니의 밥〉에 오면 '밤새워 재봉틀 밟던 슬픔조차 노래가 되는 여기'로 16세 방직공장 언니들을 소환한다. 그러한 애정은 국정농단이라는 정치적인 분노에 이른다.

어두운 이 땅의
목숨 위로 눈 내리다
다시 눈 내린다

제일 반짝이는 말씀으로
적막의 고독에 내려앉는

서둘러 조국이란
이름 부르지 않으리
온 나라가 눈에 덮여도
덮이지 못하는
국정농단의 용광로

부끄러워 목이 메는
이 땅의 비천함

스스로 썩어 으깨진
아, 슬픈 내 조국이여

피 뿌려 간수한 선열들의
위대한 자존 잊었는가
얼마나 더 피 흘리며
걸어야 할까

어디쯤에서 흩어진 별들
반짝일 수 있을까

슬픈 바람 소리
귓불을 후려치며
달아나고 있다

— 〈슬픈 겨울을 지나다〉 전문

국정논단의 정치적 문제를 부드럽게 점잖게 노래하고 있지만 '스스로 썩어 으깨진' 슬픈 조국을 비판한다. 피 뿌려 나라를 지켜 온 선열들의 위대한 자존을 부르며 간결하면서도 단호하게 '이 땅의 비천함'으로 고발하고 있다. 역사를 간단하게, 분노를 간결하게 그러면서도 "어디쯤에서 흩어진 별들/반짝일 수 있을까"라고 우아하게 아름답게 표현하는 배려와 상생의 기본을 지켜야 하는 국민의 자긍심을 형상화하고 있다.

이와 같은 시인의 바람은 〈지구도 기척을 한다〉와 〈낮음의 미학〉에서처럼 기독교적 세계관으로 나타나고 있다.

바다가 드디어
태양을 순산한다
밤새 진통을 견뎌
금빛의 아들을
머리 위로 들어 올렸다.

한 무리의 구름 떼가
저마다 은총을 입어

갖가지 빛깔로
출렁이고 있었다

비로소 거기 섬 하나
덩달아 아침 바다의
생살을 찢어내
일어서기 시작한다

지구도 기척을 한다

— 〈지구도 기척을 한다〉 전문

바다는 거칠게 요동치면서도
결코 윗자리 탐내지 않는다
늘 낮은 자리,
동일한 위치에서
모든 것을 품는다

예수의
낮음의 미학처럼

— 〈낮음의 미학〉 전문

일출의 역동적인 현상을 지구의 기척으로 표현한 상징성은 비교적 긴 서사로 자주 표현된 홍금자 시인의 색다른 형식이다. 생살을 찢어내는 진통의 동반으로 일출을 묘사한다. 태양을 금빛의 아들로 호명하며 구름 떼가 은총을 입어 여러 가지 빛깔로 출렁이는 아침 바다의 희망찬 출발을 노래하고 있다. 이와 같은 축복의 은유는 〈낮음의 미학〉에서 평등과 균형의 순리를 따르는 자연 이치로 표현된다. 거칠게 요동치면서도 결코 윗자리를 탐하지 않는 사랑과 평등이 모든 것을 품는 예수 그리스도의 낮음의 미학으로 형상화 되고 있다.

홍금자 시인은 서정성을 바탕으로 하되 일상의 잔잔한 삶을 따뜻하게 노래하면서 독자들의 시 읽힘에 유념하는 문학적 소통에도 남다른 애정을 가지고 있다.

홍금자 작가연보

홍금자 작가연보

1944년 2월 19일

경기도 수원시 서둔동에서 부친 홍석남, 모친 김우순 님의 칠 남매 중 장녀로 출생

수원 매산초등학교와 수원여자중학교 졸업

서울로 올라와 수도여자사범대학교 국어국문학과 졸업

원주 성화여고에서 교편 일년을 마친 후,

서울에서 고등학교 교편생활

1969년 11월 16일

이경배(강서구 · 마포구청장 역임)와 결혼

아들 응준, 딸 경훈남매를 둠

십여 년의 교편생활을 접고 시를 쓰기 시작

1987년

- 한국예술총연합회 기관지《예술계》에 시〈유월의 하늘〉〈길〉〈여름 바다〉가 황금찬, 김혜숙 시인의 심사로 신인상을 받으며 등단
- '생활동인회', '문촌동인회'와 '예술시대' 동인에 참여
- 첫시집 《창가에 심는 그리움의 나무》 출간

1992년

- 한국문인협회 해외세미나에 참석
- 러시아 및 카자흐스탄 알마타에서 한국대표로 시낭송
- 《너는 바다 크기로 내 안에 들어와》 시집 출간
- 《하늘에 걸린 정원》 황금찬 · 홍금자 2인 시집 출간
- 〈윤동주문학상〉 수상

1993년

- 문예지《시마을》 편집장을 맡아 창간호를 발간
- 시마을시낭송회 발족
- '한강맑히기선상' 환경행사 시낭송(예술시대 주최)
- 제1회 삼개(마포)시낭송회 개최(시마을, 마포문화원 공동주최)

1994년

- 세종문화회관 개관기념 시화전 기획전시 (박두진, 황금찬, 조병화, 홍금자 외 41명)

1995년

- '예술계' 회장에 선임되어 '물사랑하기'
- 예술 한마당 기획공연(세종문화회관 분수대 앞)

• 《너는바라보는 것만으로도 기쁨인 날》 (시선) 출간

1996년

• '시마을문학회' 대표로 선임
• 문학의 해 기념 문인극 〈어미새 둥지에서 새끼들 날려보내다〉 공연(작품: 이근삼, 연출: 차범석)
— 주최: 96문학의해 조직위원회, 주관: 한국희곡작가협회
— 후원: 문화체육부, 한국문화예술진흥원
— 일시: 1996년 12월 12일~15일
— 장소: 문예회관대극장
— 특별출연: 황금찬, 조경희
— 출연: 유현종, 김국태, 김지향, 박정희, 윤강로, 김이연, 이광복, 강난경, 오정인, 홍금자, 박공서, 고성의, 서근희, 김완수, 이승철, 김종제

1997년

• 《그대 따라 나서는 길》 시집 출간

1999년

• 문인극 〈양반전〉 출연
— 원작: 박지원, 각색: 유현종, 연출: 김국태, 유현종
— 일시: 1999년 4월 2일~3일
— 장소: 문예회관대극장
— 출연: 황금찬(양반부), 김국태(양반), 문정희(기생춘정), 하지찬(천가), 홍금자(천가처), 김종해(박진사), 박정희(박진사처), 이근배(박달), 조경희(고모)

2000년

- '제1회청각장애우를 위한 시와 음악 축제' 개최
  — 한국자막방송과 시마을문학회가 공동개최(정동극장)
- 《어머니 찾아가기》(김수환 추기경 외 공저)출간

2001년

- '제2회장애우를 위한 시와 음악 축제' 개최
- 새천년한국문학상 수상
- 《목마른 나무가 되어》 시집 출간

2002년

- '제3회 장애우를 위한 시와 음악 축제' 개최
- '아시아시인대회' 참가 (중국시안)
  — 성찬경, 이근배, 유안진, 신달자, 김정인, 홍금자 등
- 《새벽강 저쪽》(시선)시집 출간

2003년

- 제4회 장애우를 위한 시와 음악 축제 및 우리시 사랑하기' 개최 (잠실운동장 축시 낭송)
- 마포문화원 특별초청 홍금자 시인 시낭송회 개최
  — 일시: 2003년 8월 18일 (월) 오후3시
  — 장소: 마포아트홀 3층 공연장

2004년

- 좋은시 우리 노래 창작가곡의 밤 개최
  — 일시: 2004년 6월 3일

— 장소: 이원문화센타
• 제1회 마포구문화상 수상

2005년

• 《고삐 풀린 시간들》 시집 출간

2006년

• 교성곡 한강환타지 한국초연-서울 그랜드앙상블 창단 공연 때 연주
 — 교성곡: 한강환상곡(서사시-홍금자, 작곡-이동훈)
 — 지휘: 최선용
 — 연주: 서울 그랜드앙상블, 서울심포니오케스트라
 — 일시: 2006년 12월 2일 오후2시
 — 장소: 예술의전당 콘서트홀
• 울림예술대상 수상
 — 주최: 한우리오페라단, 한겨레신문사, 서울심포니오케스트라
 — 후원: 서울특별시, 한국문화예술위원회
• 문인극〈맹진사댁 경사〉출연
 — 원작: 오영진, 연출: 강대홍, 기획: 전옥주
 — 출연: 김경식, 김규은, 김유선, 김홍우, 박미경, 박순녀, 박정기, 박정희, 성춘복, 유자효, 이근배, 이길원, 정승재, 조병무, 지연희, 최금녀, 홍금자, 황금찬
 — 일시: 2006년 9월 29~30일
 — 장소: 문학의집 서울

2007년

• 호국보훈의달, 육군군악연주회에서

— 가곡: 〈그날이여〉(시: 홍금자, 작곡: 이안삼)연주

— 일시: 2007년 6월 14일 (목) 19시30분 -장소: 서울KBS홀(여의도)

- 《신동아》 6월호 '홍금자 시인인물' 특집 게재
- 영등포구 주최 '서울가곡제' 운영위원 선임
- 《문학의 풍경화》 출간
- 《사랑은 시가 되었다》 (공저)출간

2008년

- 제1회 창작 시가곡의 밤 개최

— 일시: 2008년 6월 9일 오후7시

— 장소: 문학의집 서울

(시인: 황금찬, 허영자, 김후란, 신달자, 오세영, 최문자, 문효치, 전길자, 김세영, 이희자, 이채민, 김형수, 이오례, 홍일중, 홍금자)

(작곡자: 최영섭, 임긍수, 이안삼, 김효근, 정희치, 박경규 외)

- 동아일보와 조선일보 관련기사 게재
- 대한민국 가곡제에서 시 〈푸른봄날엔〉이 대상 수상

(시: 홍금자, 작곡: 이일찬)

- 대한민국 지역문학전국시·도 문학인교류대회에서 대회
- 축시〈빛고을에서 펼치는 문학메카의 무도회〉낭송
- 《잎새바람》 시집 출간
- 《나는 누구인가》 (공저)출간

2009년

- 서울시 주최 김기림 시〈길〉낭송(시청광장)
- 제2회 '서울가곡제' 개최

— 일시: 2009년 9월 29일 (화) 오후7시30분

— 장소: 영등포아트홀

— 시인: (고)박두진, 김남조, 허영자, 유안진, 오세영, (고)이은상, (고)이수인, 김년균, 문효치, 홍일중, 김형수, 이기철, 조영식, 송길자, (고)김유선, 김효근, 전경애, 홍금자

— 성악가: 김영은, 강혜정, 송기창, 조정순, 김남두, 이현정, 이재욱, 장유상, 김향란, 김학남

• 순수문학 대상 수상

2010년

• 《지상의 노래》 영역시집 출간

2011년

• 제1회 '시와음악이 있는 풍경' 시낭송회 개최

— 일시: 2011년 4월 9일~30일 (매주토) 오후5시

— 장소: 교보문고 광화문점 선큰광장

— 시인: 황금찬, 유안진, 문효치, 전길자, 이채민, 이애진, 김수희, 김경옥, 최애자, 이현진, 박은실, 김정래, 김수희, 이오례, 강흠경, 노희정, 황창순, 정순임, 박해자, 정해원, 전명숙, 임상섭, 윤수아, 최영희, 김문중, 김현재, 이희자, 이동훈, 전재섭, 최경숙, 김정래, 이송자, 이윤주, 김말희, 홍금자

— 음악가: 위호선, 정창식, 박현진, 김부녀, 문희주, 김성은, 김상복

• 11월 2일~11월 4일 영등포구 문화사절단으로 일본 기시와다시방문

• 일역 시집 《고도를 기다리며》 출간

• 제1회 전국지역신문협회문화예술대상 수상

2012년

- 구상문학상 운영위원 선임
- 제78차 국제PEN대회 시낭송(경주금장대)

2013년

- 러시아 문학세미나 참석
- 한국문협 서울지회 이사
- (사)한국문인협회평생교육원위원장 및 초대시낭송 교수 선임
- 한국기독교문학상 수상
- 한국문인협회월간문학상 수상
- 《언어를 모종하다》 시집 출간
- 《시낭송의 즐거움》 출간

2014년

- 제7회 '서울문화의날' 기념 시낭송(서울시청 광장)
- 《그리움의 나무로》 활판시집출간

2015년

- 《시낭송 어떻게 할 것인가》 출간

2016년

- 황금찬 시인의 문학적 업적을 기리기 위해 제1회 황금찬전국시낭송 대회개최
  - 일시: 2016년 5월 28일
  - 장소: 예술가의 집
- 세계한글작가대회 시낭송과 가곡의 밤에 시극 〈선덕여왕과 지귀

의 사랑〉 기획연출(출연: 홍금자, 장충열, 홍성훈, 김철기, 오현정)
- 《시간, 그어릿광대》 시집출간

2017년

- 제2회 황금찬 전국시낭송대회 개최
  - 일시: 2017년 6월 17일
  - 장소: 예술가의 집
- 영등포 국회의사당 동편무대에서 홍금자 시인 북콘서트 개최
- 제1회 영등포문학상 수상

2018년

- 영등포문인협회 회장 선임
- 한국문인협회 주최 문예지콘테스트에서 《영등포문학》 우수상 수상
- 시마을 시낭송회 주최로 영등포 교보문고 '티움'홀에서 한 달 동안 매주(토)시낭송회 개최
  - 시인: 허영자, 신달자, 전길자, 박영희, 이애진, 최영희, 이정현, 이오례, 황창순, 이임진, 김옥춘, 이순례, 김춘자, 정태순, 이정희, 이상임, 양송임, 홍금자
- 영등포구민과 함께 하는 '문학 2018 시와 노래' 개최
  - 일시: 2018년 10월 22일 (월) 15시30분
  - 장소: 영등포아트홀 2층
- 영등포구 후원으로 '문학의 즐거움' 문학강의
  - 일시: 2018년 2월 5일~2월 16일
  - 장소: 영등포구청 별관 제2평생학습센타

2019년

- 영등포구민과 함께 하는 '문학2019 시와 노래' 개최
  — 일시: 2019년 10월 10일 (목) 15시
  — 장소: 영등포아트홀2층
- 문학의집 서울 합창단창단기념공연(2019년12월20일)
- 국제PEN한국본부 펜문학상 수상
- 국제PEN한국본부 공로상 수상
- 《외줄 타는 어름사니》 시집출간

2021년

- 《창조문예》 7월호 특집 '홍금자 작가연구' 게재
  — 대표작 10편(시), 연보, 나의 문학 나의 신앙, 홍금자 작품론 (박이도, 조병무 시인 작품평)
- 시인만세 인터뷰(문학아카데미) '홍금자 시낭송교실' (대담-이정현 시인)

2023년

- 《풍경이 지워지는 저녁이면》 시집 출간
- 《지상에는 시가 있었네》 시집 출간

2024년

- 《지구도 기척을 한다》 시선집 출간

〈2024년 주요 약력〉

* 경기도 수원 출생
* 수도여자사범대학교 국어국문학과 졸업
* 고등학교 교사 역임
* 1982년 한국여성문학인회 주최 전국백일장에서 시 '거울' 당선. 생활동인, 문촌동인 활동
* 1987년 〈예술계〉 시 신인상 수상 등단
* (사)한국여성문학인회(입회 1992년, 간사활동 2000년~2023년까지 이사 역임)
* 국제PEN한국본부 이사, 한국기독교문협 이사, 한국시인협회 상임위원, 영등포문협 고문, 일성여중고 문예반 강사
  마포문화원 전문위원, 영등포문화학교 시낭송 강사 현재 활동 중
* 시집, 이론서: '지상에는 시가 있었네', '시낭송 어떻게 할 것인가' 등 17권
* 수상: 윤동주문학상, 한국기독교문학상, 월간문학상, 펜문학상 등 다수
* 가곡시: 30여 곡

시집

《창가에 심는 그리움의 나무》(1987 둥지)

《너는 바다 크기로 내 안에 들어와》(1992 혜화당)

《하늘에 걸린 정원》(1992 황금찬, 홍금자 2인 시집 혜화당)

《너를 바라보는 것만으로도 기쁨인 날》(시선1995 청학)

《그대 따라 나서는길》(1997 둥지)

《목마른 나무가 되어》(2001 토우)

《새벽강 저쪽》(시선 2002 모아드림)

《유년의 우물》(2002 마을)

《우수날의 강변》(2005 모아드림)
《고삐 풀린 시간들》(2005 순수)
《잎새바람》(2008 연인)
《지상의 노래》(영역시집 2010 순수)
《고도를 기다리며》(일역시집 2011 순수)
《언어를 모종하다》(시선 2013 등대지기)
《그리움의 나무로》(활판시선집 2014 시월)
《시간, 그어릿광대》(2016 미네르바)
《외줄 타는 어름사니》(2019 신아)
《풍경이 지워지는 저녁이면》(2023 계간문예)
《지상에는 시가 있었네》(2023 계간문예)
《지구도 기침을 한다》(시선집 2024 계간문예)

수필, 시, 이론서
《문학의 풍경화》(홍금자 2007)
《시낭송의 즐거움》(홍금자 2013)
《시낭송 어떻게 할 것인가》(홍금자 2015)
《어머니 찾아가기》(김수환 외 공저 2000)
《시의 이슬은 이 아침에도》(허영자 외 공저 2004)
《나에게 문학은 무엇인가》(황금찬 외 공저 2007)
《나는 누구인가》(김남조 외 공저 2008)
《사랑은 시가 되었다》(신경림 외 공저 2007)
《간이역 간다》(이건청 외 공저 2011)
《시로 쓴 유언》(나태주 외 공저 2008)
《천관산 문학공원시비 시집》(2002)
《계명성 시비공원 시집》(문병란 외 공저 2007)

수상

윤동주문학상(1992)

새천년한국문학상(2001)

마포구 제1회 문화상(2004)

울림예술대상(2006)

순수문학대상(2009)

제1회 전국지역신문협회문화예술대상(2011)

한국기독교문학상(2013)

한국문협 월간문학상(2013)

제1회 영등포문학상(2017)

국제PEN한국본부 펜문학상(2019)

국제PEN한국본부 공로상(2019)

가곡시

〈천년의 그리움〉 (김규태 곡)

〈한강 환상곡〉 (이동훈 곡)

〈그날이여 〉(이안삼 곡)

〈오월의 향기〉 (이재석 곡)

〈잎새바람〉 (이안삼 곡)

〈상사화〉 (이연승 곡)

〈잊지 못하는 까닭〉 (정애련 곡)

〈푸른 봄날엔〉 (이일찬 곡)

〈빈자리〉 (진규영 곡)

〈선유도 이야기〉 (김경자 곡)

〈사랑은〉 (이안삼 곡)

〈그리움 하나〉 (신귀복 곡)
〈한강〉 (최현석 곡)
〈제주 풍경〉 (최영섭 곡)
〈양원초등학교 교가〉 (최영섭 곡)
〈사랑의 나무〉 (임긍수 곡)
〈그 사랑 앞에서〉 (허방자 곡)

계간문예시인선 199

홍금자 시집 _ 지구도 기적을 한다

초판 인쇄 2024년 4월 7일
초판 발행 2024년 4월 11일

지 은 이 홍금자
회　　장 서정환
발 행 인 정종명
편집주간 차윤옥

펴 낸 곳 도서출판 계간문예
주　　소 03132 서울 종로구 삼일대로 30길 21 종로오피스텔 1209호
전　　화 (02) 3675-5633 팩스 (02) 766-4052
이 메 일 munin5633@naver.com
홈페이지 http://cafe.daum.net/quarterly2015
등　　록 2005년 3월 9일 제300-2005-34호
연 락 처 03132 서울 종로구 삼일대로 32길 36 운현신화타워 305호
인　　쇄 54991 전북 전주시 완산구 공북1길 16, 신아출판사
ISBN 978-89-6554-293-3 04810
ISBN 978-89-6554-118-9 (세트)

값 16,000원